Alma Flor Ada • F. Isabel Campoy

PIMPÓN

ILUSTRADORES

Felipe Dávalos
Sofía Suzán
María Eugenia Jara
Isaac Hernández
Alain Espinosa
Manuel Monroy
Claudia de Teresa

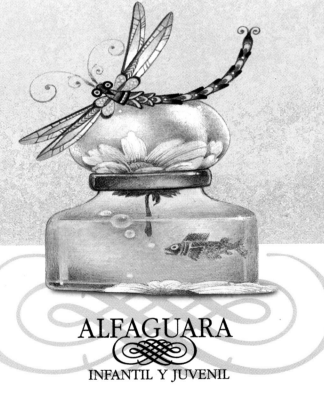

ALFAGUARA

INFANTIL Y JUVENIL

Art Director: Felipe Dávalos
Design: Petra Ediciones
Editor: Norman Duarte

Cover: Felipe Dávalos

Santillana USA Publishing Company, Inc.
2105 NW 86th Avenue
Miami, FL 33122

Poetry A: *Pimpón*

ISBN: 1-58105-401-7

Printed in Mexico

ILLUSTRATORS

FELIPE DÁVALOS: pp. 30-32.
ALAIN ESPINOSA: pp. 18-21.
ISAAC HERNÁNDEZ: pp. 16-17.
MARIA EUGENIA JARA: pp. 12-15.
MANUEL MONROY: pp. 22-25.
SOFÍA SUZÁN: pp. 6-11.
CLAUDIA DE TERESA: pp. 26-29.

ACKNOWLEDGEMENTS

TOMÁS ALLENDE IRAGORRI: "Abuelita" from *Poesía menuda*,
compiled by Isabel Freire de Matos. Copyright ©1965 Editorial Hostos
para Niños. Extensive research failed to locate the copyright holder
of this work.
SILVIA DORTA-DUQUE DE REYES: "Tengo una flor" from
Tengo una flor. Copyright ©1995 SRA Division of the
Macmillan/McGraw-Hill School Publishing Company.
Reprinted by permission of The McGraw-Hill Companies.
ISABEL FREIRE DE MATOS: "Borinquen" from *Poesía menuda*,
compiled by Isabel Freire de Matos. Copyright ©1965 Editorial Hostos
para Niños. Reprinted by permission of the author.
ISABEL FREIRE DE MATOS/FRANCISCO MATOS PAOLI: "El río"
from *Poesía menuda*, compiled by Isabel Freire de Matos.Copyright
©1965 Editorial Hostos para Niños. Reprinted by permission
of Isabel Freire de Matos.
ROBERTO LÓPEZ MORENO: "Juan Nopal" from *Versitlán*. Copyright ©
Presencia Latinoamericana. Permission to use this work is pending.
ELÍAS NANDINO: "Sobresalto" from *La luciérnaga*. Copyright ©1994
CIDCLI. Permission to use this work is pending.
LUIS RECHANI AGRAIT/RAFAEL RIVERA OTERO: "Besos" from *Poesía
menuda*, compiled by Isabel Freire de Matos. Copyright ©1965
Editorial Hostos para Niños. Permission to use this work is pending.
GILDA RINCÓN: "Pájaro carpintero" from *Costal de versos y cuentos*.
Copyright ©1988 CONAFE. Permission to use this work is pending.
MARÍA ELENA WALSH: "Cocodrilo" from *El Reino del Revés*. Copyright
©1996 Compañía Editora Espasa Calpe Argentina S.A. Reprinted by
permission of the author.

2 3 4 5 6 7 8 9 10   10 09 08 07 06 05 04 03 02

Para Silvia Dorta-Duque de Reyes
y todas las maestras que defienden el español.
AFA y FIC

A Lucía,
que guarda toda mi memoria.
FIC

Índice

Latinos

Puerto Rico

México

Latinos

Aquí vivimos

Alma Flor Ada
F. Isabel Campoy

Vivimos en los Estados Unidos.
Somos niñas, niños,
madres, padres y maestras.
Tenemos canciones
y tradiciones.

Vamos a la escuela.
Escribimos poemas
al sol y a la abuela.
Hablamos dos lenguas
para que nos entiendas.

Niños poetas

F. Isabel Campoy
Alma Flor Ada

Los niños escriben
poemas de amor
al mar
y a un amigo,
al día
y a una flor.

Maestras y maestros poetas

Alma Flor Ada
F. Isabel Campoy

Las maestras
y los maestros
escriben poemas de amor
a la vida,
a sus niños,
y también al sol.

Tengo una flor

Silvia Dorta-Duque de Reyes

Cuando pienso en un amigo,
crece mi flor.

Cuantas más flores doy,
más feliz soy,

porque es la flor del amor,
la que crece en mi corazón.

Puerto Rico

Borinquen

Isabel Freire de Matos

Borinquen es una islita
que parece un caracol,

por encima es una rosa,
y por dentro una canción.

Besos

Luis Rechani Agrait
Rafael Rivera Otero

¡Uno! ¡Dos! ¡Tres! ¡Cuatro! ¡Cinco!
Quiero aprender a contar
para saber cuántos besos
le voy a dar a mamá.

El río

Isabel Freire de Matos
Francisco Matos Paoli

Voy cantando,
glu, glu, glu,
si me miras
te ves tú.

Voy riendo,
cro, cro, cro,
una rana
se tiró.

En las piedras,
tris, tris, tris,
salto y bailo
para ti.

Voy de prisa,
zas, zas, zas,
día y noche
juego al mar.

México

Querido México

F. Isabel Campoy
Alma Flor Ada

A México entero
yo quiero cantar
alegres canciones,

y disfrutar
de sus fiestas,
sus gentes
y su amistad.

La ardilla

Amado Nervo

La ardilla corre,
la ardilla vuela,
la ardilla salta
como locuela.
Mamá, ¿la ardilla
no va a la escuela?
–Ven, ardillita, tengo una jaula
que es muy bonita.
–No, yo prefiero
mi tronco de árbol y mi agujero.

Sobresalto

Elías Nandino

¡Qué perfecto
salto mortal
ha echado el sol
hacia
el otro lado del mar!

Pájaro carpintero

Gilda Rincón

Pájaro carpintero,
picamadero,
¿cuánto me cobra usted
por un librero?

Juan Nopal

Roberto López Moreno

Juan Nopal
en la tierra seca,
trabaja creciendo verde,
          verde
        verde
verde,
y ya apuntan en sus hojas,
unas ricas tunas rojas.

Argentina

Algún día

Alma Flor Ada
F. Isabel Campoy

Te he visto en un mapa.
Eres alta y delgada,
y dicen que Buenos Aires
es linda y acicalada.
Algún día, Argentina,
te iré a visitar.

22

Abuelita

Tomás Allende Iragorri

¡Quién subiera tan alto
como la luna,
para ver las estrellas
una por una,
y elegir entre todas
la más bonita,
para alumbrar el cuarto
de mi abuelita!

Cocodrilo

María Elena Walsh

Cocodrilo
come coco,
muy tranquilo,
poco a poco.
Y ya separó un coquito
para su cocodrilito.

Folclore hispánico

Vestidita de azul

F. Isabel Campoy
Alma Flor Ada

Yo tengo una muñeca
vestidita de azul,
igual que la muñeca
que cantas tú.

La mía viene de Cuba,
la tuya de Nueva York,
también hay una en Texas,
y otra en el Ecuador.
Todas son la misma,
con igual corazón,
porque somos latinas
ellas, tú y yo.

Tengo una muñeca

Tradicional

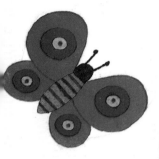

Tengo una muñeca
vestida de azul,
con zapatos blancos
y velo de tul.
Las medias caladas
estilo andaluz
y su camisita
con un canesú.
La saqué a paseo,
se me resfrió;
la metí en la cama
con mucho dolor.

Esta mañanita
me dijo el doctor
que le dé jarabe
con un tenedor.

2 y 2 son cuatro,
4 y 2 son seis,
6 y 2 son ocho,
y 8, dieciséis
y 8, veinticuatro
y 8, treinta y dos.
Ya verás muñeca
si te curo yo.

Las once y media

Tradicional

Las once y media serían
cuando sentí ruido en casa.
Bajo corriendo y ¿qué veo?
¡que se paseaba una araña!

Llena de furia y valor
saco mi luciente espada,
y al primer tajo que doy
¡cae al suelo desmayada!
¡Qué cosa tan prodigiosa!
¿Vuelvo otra vez a contarla?

Pimpón

Tradicional

Pimpón es un muñeco
muy lindo de cartón
se lava la carita
con agua y con jabón.

¡Ay! Pimpón, ¡ay! Pimpón,
tan bonito y juguetón.
¡Ay! Pimpón, ¡ay! Pimpón,
en la pompa de jabón.